JN438144

17

가을향기

over a wall
poetry
17

강 돈 희 시집

가을향기

■시인의 말■

따끈따끈한 시를 쓰고 싶었습니다.
하지만 그건 욕심이었나 봅니다.

세상이 갈수록 복잡해지고 있습니다.
아나로그니 디지털이니 모두 낯설고 생소한 느낌만 줄 뿐, 그런 것들이 우리들 가슴을 더 따뜻하게 해주지는 않는 것 같습니다.

이런 세상을 살면서 시라도 좀 쉬웠으면 좋겠다는 생각을 늘 상하며 삽니다. 누구나 쉽게 이해하고 공감하며 작가와 마음을 나눌 수 있는 정감 있고 포근한, 그런 시를 쓰고자 애썼습니다. 저의 한결같은 바람이자 가고자 하는 길입니다.

읽어서 기분 좋아지는 시, 읽으면 머리 속이 맑아지는 시, 읽으면서 웃음이 나오는 시, 가슴에 온기가 도는 시, 가슴을 움직이게 하는 그런 시 말입니다.

보잘 것 없는 제 시가 여러분들 가슴에 그런 시가 되어 잠시라도 머물 수 있다면 더 이상 바랄 것이 없겠습니다.

시를 읽고 즐기면서 시가 생활이 되는 그런 삶을 소망합니다. 그것이 보다 맑고 향기로운 삶을 이루어 줄 것이라 믿기 때문입니다. 더욱 열심히 그리고 꾸준히 시의 길을 걸어갈 것입니다.

올 가을엔 국화향기 더욱 짙을 것입니다.
고맙습니다.

중추절을 앞둔 가을 채선당에서
2012. 9.
소소 강 돈 희

■차례■

묶음 1
한마음

묶음 2

가을향기

묶음 3

선택

묶음 4

옛 친구

묶음 1

한마음

모두에게 감사하고 고마운 일
깊어가는 이 가을이 더욱 풍성해지는 일
작은 일 하나 조차도 의미를 새기면
어찌 없는 일만 하겠는가

승부

세상엔 두 가지 일이 있습니다.
돈 되는 일과 돈 안 되는 일

돈 되는 일에 열심이면
속물이 될 가능성이 높구요

돈 안 되는 일에 열심이면
집에서 쫓겨나기 십상입니다

어느 쪽에 승부를 걸 건
그 건 모두 자기 할 탓입니다

조용히 두 눈을 감고
아니면 가슴에 손을 얹고

지금의 나를
돌이켜 보십시요

나는 과연
어느 쪽 일에 열심인가를

소소

소소한 시를 쓰는 나를
소소라 불러다오

시인이라 불리면 고맙고
선생이라 불린다면 과분하지

그냥 이름 부르듯
씨자氏字만 붙여도 좋으리

말맛은 새털 같고
부르기는 순하지 않느냐

이름은 비록 소소小小해도
사는 건 대대大大해야 하느니

새 이름 갖고 새 인생 살려면
정신 바짝 차려야 하느니

갈 곳

생각만 해도 저절로
기분 좋아지는
그런 곳 어디 없나요

몸과 마음이
나도 모르게 끌려가는
고향 집 같은 그런 곳 말입니다

살면서 그런 곳 하나쯤은
꼭 있어야 하는데
정작 나에겐 그게 없네요

돈 없는 가난보다
더 불쌍한 진짜 가난뱅이
여기 있네요

아무리 찾아봐도 없는
내 마음의 안식처
아침부터 가슴만 아프네요

묻혀온 가을

가을이 묻혀왔다
바짓가랑이에 슬쩍 붙어
주인도 모르게 방안까지 침입했다

바짝 마른 가랑잎 하나
동그랗게 오그라든 모습이
굴러다니기엔 꼭 알맞게 생겼구나

무엇이 좋아 날 따라왔는고
제 식구들 다 거기다 두고 무정하게시리
너도 지금 이 상황이 당황스럽지

그것도 하나의 실수였니
네 의사완 상관없이 어쩌다 보니 그렇게
나도 네가 있어 적잖이 놀랐단다

바지에 묻혀 온 가을 하나가
온 방안을 가을빛으로 바꾸어 놓는다
안개처럼 스며든 가을로 방안이 들썩거린다

다짐

TV는 끄고
컴퓨터 덜 하고

신문과 책을 더 읽고
음악을 더 많이 들으리라

사람들을 덜 만나고
모임도 덜 갖고

더 단순하게
더 간소하게 살리라

덜 싸다니고
덜 먹고 덜 마시리라

운동은 더 많이 하고
사색과 반성은 더 깊게 하고

더 많은 감동을 찾으리라
더 많이 웃고 매사에 감사하며 살리라

행복에 대한 의문

행복은 마음이 만드는 것이니
스스로 행복하다 여기면 행복한 것이지요

어떤 인생이건 스스로 만족하면 되는 건데
겨우 제 욕심 채우면서 만족하니

그게 문제죠
그래도 행복해서 다행입니다

온 세상 사람들이 모두 저마다 제 인생만 가꾸면서
행복이라 여기며 산다면

지구촌이 정말 행복으로 가득할까요
정말 웃음소리 그치지 않을까요

한마음

작은 전시회 하나
여는 듯 마는 듯 열렸네

작품이라 하기에도 부끄러웠는데
저 멀리 백리 밖에서 축하전화 걸려 왔네

그것도 행사라고 마음 담긴 축하에
몸둘바 몰라서 쩔쩔매었지

그래도 그런 일이 있다는 것은 고마운 일
작가로 참가한 나나 잊지 않고 축하해주는 너나

모두에게 감사하고 고마운 일
깊어가는 이 가을이 더욱 풍성해지는 일

작은 일 하나 조차도 의미를 새기면
어찌 없는 일만 하겠는가

보잘 것 없어도 작품 만들어 걸고
갈 수는 없어도 전화라도 걸어주는 고운 마음결

떨어져 있어도 마음은 하나여라
더불어 사는 세상 아름답기만 하여라

화초의 삶

일주일에 겨우 한 번
딱 한 컵의 물로
생명을 유지하는 화초

그 적은 양의 물만으로도
아무런 부족함 없이
잘도 사는구나

어쩌다 한 번 물주고
어쩌다 한 번 들여다보고
말 한 마디 주고받지 않아도

아무 불평불만 없이
주어진 여건에 만족하며
굳건하게 자리 지키네

큰 사랑 받지 못해도
늘 푸르른 청춘 자랑하며
수줍게 웃고 있구나

쉽게 더 쉽게

클릭 한 번이면
바다를 건너가는 안부

터치 한 번이면
자동으로 연결되는 사랑

쉽고도 재미있고 편하게
모든 것 주고받고 나누는 세상

기침 한 번이면
알 수 있는 아버지의 뜻

소주 한 잔 기울이면
전해져 오는 친구의 마음

방금 문자 하나로 도착한
너의 반가운 웃음소리

미진아

남들 다 윤기 자르르 흐르게 익는 동안
뭐하느라 아직도 퍼런 풋밤으로 남아 있는지

남들 다 제 무게 못 이겨 떨어지는데
주인이 굳이 두드려줘야만 떨어지는 이놈은 또 뭔가

발걸음

한 걸음 한 걸음 걷는 인간의 발걸음만큼
위대하고 아름다운 것은 없다

저 작은 걸음 하나하나가 모여서
큰 길을 이루고 마침내 세상을 바로 세운다

소처럼 우직한 저 걸음걸음이
자전거보다도 느려터진 저 걸음들이 차곡차곡 쌓여

인생을 가꾸고 국가를 일으켜 세우고
이 큰 지구를 돌리는 근원이 된다

아득하고 광활한 저 우주의 신비도
인간의 작은 발걸음에서부터 시작되는 것이다

걱정하지 마

걱정하지마

아무 걱정하지 마
너희들을 뽑지는 않을 거야

마음 놓고 편하게 살어
절대로 너희를 해치진 않아

언제 뽑힐지 불안에 떨 필요 없어
너희도 한 생명인데

우리 가게 앞과 뒤에서 태어난
씀바귀, 민들레와 이런저런 잡초들

우기를 맞아 쑥쑥 잘도 자란다
양쪽 옆 가게들 앞과 뒤는 보란 듯이 깨끗하다

"우리도 같은 신세 되겠지
아직까지 살아있는 것만 해도 고마워"

다른 이들 뭐라 해도 우리는
절대로 너희들 안 뽑아 걱정하지 마

날벼락

날벼락은
때와 장소와 대상을
가리지 않는다

순식간에 생사를 가르고
팔자를 뒤집어 놓는다
가끔 엉뚱한 것을 때리기도 한다

날벼락은 하늘만 치는
것이 아니다
사람은 누구나 날벼락 같은 존재다

오늘, 내가 버린 물건에 치여
풀포기들이 무더기로 쓰러졌다
저들에겐 날벼락이다

멀쩡하고 평화롭던 순한 삶
한순간에 박살났다
무참하게 부러지고 꺾여버렸다

날벼락은 맑은 날 치는 것이 더 무섭다

올 여름엔

올 여름엔
유난히 국수 많이 먹었다

날씨 덥다고 콩국수
장마 통에 비 온다고 칼국수
먹을 게 마땅치 않다고 비빔국수
폭염에 왕짜증난다고 냉면
어쩌다 별식으로 쫄면
이것 저것 귀찮으면 라면

줄기차게 질리도록 원 없이 먹었다
국수라면 이 갈리도록

창당

나도 당이나 하나 만들어야겠다

내가 소소한 놈이니
소소한 사람들과 잘 지내자는 뜻으로
이름은 소소당이라 하자

전국의 소소하고 평범한 사람들을 위한 당
소소당

나는 소소당 대표 소소다

우산 이야기

비 오는 날
우산 들고 다니기 싫어서
차 끌고 가신다고요

우산 쓰는 재미를
우산 받고 가는 손의 고마움을
발등에 젖어드는 비의 아스라한 감촉을
모르시는군요

비 오는 날
그런 재미라도 있어야지요
차타고 붕 가버리면 무슨 맛이 있나요

우산 쓰고 걸어본 게 언제인가요
강풍에 우산이 뒤집혀본 기억은 없나요
비오는 날 이런 낭만이라도 느끼면서 살아야지요

소중한 식구

강아지가 아프다
시름시름 마르고 있다

어디가 탈이 나도
한참 났다

병원에 데리고 갔다
엑스레이 찍고 피 검사하고

개 홍역이란다
약도 없는 무서운 전염병

그대로 두면 서서히
말라 죽는단다

가엾은 녀석
눈물이 절로 났다

우리 집 온지 이제 겨우 2년
목숨이 경각에 달렸다

엄청난 치료비에 마음 무거워도
고귀한 목숨 포기할 순 없다

함께 나누어 온 정 너무 깊어
네 아픔은 곧 우리의 아픔

끝까지 함께 하마
너는 우리 집 소중한 식구니까

장거리에서

5일 마다 열리는 시골 장터
여기저기 흥정이 한창
파는 사람 사는 사람 저마다 흥이 났는데

뭐가 그렇게 비싸
뭐든지 주인 맘대로야
그냥 부르는 게 값이라니까

사고 싶은 맘 있어도
가격이 마땅치 않아 돌아서는 손님
볼멘소리 아무리 해대도

주인은 꿈쩍도 안 한다
사고 싶으면 사고 말면 말라는 듯이
세상에 만만한 거 하나도 없다

소풍

5월의 푸른 하늘 아래로
소풍을 나간다
김밥과 찐 계란으로 배낭을 꾸려
산뜻하게 옷 차려 입고
싱그러운 오월의 하늘 아래로
즐겁게 나들이 간다

오늘은 어린이날
나에게도 들뜨던 어린이날 있었지
멜빵 반바지에
하얀 스타킹 신고
설레임 속에 보냈던 어린 시절
이젠 아련한 추억 되었네

엄마 아빠 손잡고
마음껏 뛰놀 수 있는 날
오늘만큼은 어린이가 왕인 날
어린이는 어른의 아버지
오십 고개 넘어 중년 되었어도
마음은 언제나 늘 푸른 어린 시절

귓등으로 스친 이야기들

귓등으로도 안 듣던 그 많은 이야기들
이제 한이 되어 가슴에 박힌다

단 한 번이라도 제대로 새겨들었다면
이런 낭패는 안 당했을 것을

누구나 다 아는 이야기라고
들을 가치도 필요도 없다고 생각했던

내 생각과 내 뜻만 중요했을 뿐
다른 사람의 의견과 이야기는 안중에도 없었지

삶을 살아가면서 힘이 되고 의지가 되는
소중하고 고마운 이야기들을 귓전에서 흘려버렸다

속 빈 가슴엔 공허한 메아리만 쩌렁쩌렁
손마저 빈손인 지금 기댈 곳 어디에도 없구나

복점

마누라 얼굴에 있는 복점
코 밑에 예쁜 모습으로 살고있다

저 점이 복점이라는 생각을
한시도 잊지 않고 있거늘

어찌된 영문인지
아직도 소식이 없다

내 너를 어여삐 여겨
한결같은 마음으로 믿어왔거늘

바라노니 복점이여
이제 부디 네가 가진 영험한 힘을 보여다오

증표

배가
뭣등만 하다

사랑의 열매 맺었다

묶음 2

가을향기

수많은 세월이 지난 지금
그 길을 가지 못한 것에 대한
아쉬움이 없진 않으나
가야할 길이 아님을 알았기에
가지 않았음이 오히려
지금의 나를 낳았음이라

송화 같은 봄날에

봄은 노란 계절
세상이 노란색 물결로 출렁이지

마당엔 가녀린 아기 민들레 재롱잔치
나는 노란 잠바에 노란 넥타이

거리엔 개나리들의 화사하고 간드러진 웃음소리
은은하고 소박한 프레지아 향기롭구나

머지않아 병아리처럼 샛노란 송홧가루들
온 세상을 무단 점령하면

내 마음도 노랗게 물들 거야
쌉싸름한 송화다식처럼 향기로울 거야

금도라지

산삼 같은 도라지 캐는 날
바람은 자취 없고 햇살은 부드러워
일하기엔 안성맞춤이었지

주인 내외 일하는 모습에
두 마리 강아지도 덩달아 신이나
온 밭을 휘젓고 다니네

어쩌다 무식한 삽질에
뭉텅이로 잘려나간 녀석 나오면
내 팔이 잘린 듯 가슴이 시려

한 삽 한 삽 뜰 때마다
터져 나오는 감동의 탄성
무더기로 쏟아져 나오는 노다지 같구나

도중에 썩거나 뭉그러져
성한 몸 갖추지 못하고 이승을 하직한
안타까운 생명을 묵도하면서

엎고 뒤집고 헤집어
큰 놈 작은 놈 가리지 않고
잘리거나 부러진 잔뿌리까지 모조리

5년 만에 세상에 나오는
새 생명의 탄생을 축하하는 날
걸죽한 막걸리 한 잔에 하루의 피로가 녹는다

사람이 별이다

사람이 별이다
다리를 적당히 벌리고
양팔을 힘껏 좌우로 펼치면
아름다운 별이 된다

별은 하늘에만 있는 것이 아니다
모든 인간이 다 별이다
하늘에 있는 별보다 더욱
반짝이는 생명이다

내 잘못

목숨 걸린 일도 아니고
명예가 날아가는 일도 아니고
그렇다고 큰 재산이 손해나는 일도 아니고

생각해보면 아주 사소한 일인데
몇 번 왔던 그 작은 수고가
뭐 그리 대단하다고

한 번 더 오고
한 번 더 이해해주고
너그러이 한 번 더 뒤로 물러서면

서로 얼굴 붉힐 일 없고
서로 덜 미안하고
서로 더 고마운 사이 될 텐데

이 모든 것이 다
지는 게 이기는 것이란 걸
여태 모르고 살아온 내 잘못이구나

모두 떠나고

도니만 빼고
전부 떠난다네요
물 건너 들을 지나 산을 넘어
비행기 타고 떼를 지어 다들 떠난다네요

안에만 있으면 도태되는 듯
나가야만 커지는 듯
지금 떠나지 못하면 기회가 없는 양
앞뒤 가리지 않고 서둘러 막무가내로 떠나가네요

공항은 북새통
사람들로 장사진을 이루고
나가지도 못하는 없는 사람들은
오늘도 님 떠난 하늘만 보며 또 벅찬 하루를 살아가네요

장기

네 장기는 바쁨이구나
늘 그렇게 살아도
멀쩡한 거 보면 용하다

한시도 마음 편히
살지를 못하는구나
그 장기 언제나 버릴까

직장으로 일터로
종종걸음 치는 네 모습
안스럽기도 하지만

성실한 사람은
인생이 두렵지 않나니
지금의 네가 그러하구나

빈 메아리

횟집에 가면 누구나 목소리 커진다
술 한 잔 들어가서 커지고
주변이 시끄러우니 더 커지고
기분 좋아 자꾸만 커진다

위하여를 드높이 외칠수록
커져만 가는 목소리엔
알 수 없는 공허함이 들어 있다
자리만 벗어나면 소멸되는 저 아우성

빈 메아리만 허공에 가득하구나

비상경보

야~
사람이다!

빨리 도망가자 ! !! !!!

무심한 세상

무심하게도 살았네
지나온 세월 돌이켜 보니
정 붙이고 사랑 쏟는 일에 소홀했네

사진쟁이로 살면서
기르던 강아지 모습도 찍지 않고
늙어서 꼬부라지는 아버지 모습도 그냥 지나치고

사진장이란 말이 부끄럽지 않느냐
하늘에서 들리는 호통소리
이제서야 들리다니

먹고 숨 쉬며 살줄만 알았지
내 주변의 귀중한 것들 잊고 살았네
조각 조각 깨진 마음 높은 저 허공에 걸어두고 살았네

나와 무슨 상관인가

세상에서 제일 비싼 차가 360억 짜리 부가티라는데
그게 나와 무슨 상관 있는가

우리나라에서 제일 비싼 아파트가 100억이 넘는다는데
그게 나와 무슨 상관 있는가

예쁜 여자들 길거리 거리마다 넘쳐나지만
그게 나와 무슨 상관 있는가

세계 일주를 10년 째 계속하고 있다는 사람도 있다는데
그게 나와 무슨 상관 있는가

모순

포기하면 편하다
그런데 그걸 못 한다
몰라서 그러는 게 아니다
뻔히 알면서 되지가 않는다

잊으면 편하다
그것도 뻔히 안다
그러나 잊는 게 어디 쉬운가
잊으려 한다고 그게 잊혀 지던가

비우면 편하다
알고도 못하는 게 그거다
말로는 쉽지만 실천은 어렵다
비울수록 더 채워지는 게 마음 아닌가

줏대

꼴 보기 싫으면 안 보면 된다
미운 놈 자꾸 보이면 꺼버리면 된다
마음 끄고 전원도 끄고

세상 더러운 것 안 봐야 한다
듣기 싫은 거 아예 듣지 말아야 한다
말하기 싫으면 입 닫고 조용히 살면 된다

그리움

한 세상 살면서 만난 사람 얼마나 많았던가
잠시 떨어져도 다시 보고픈 사람 있다

기억하고 싶은 여자 얼마나 많았으면
저장된 사람들 태반이 여자더냐

여자를 얼마나 좋아하기에
늘상 만남은 여자 위주로 이루어지느냐

여자 타령 평소에 얼마나 했기에
느지막한 나이에 여자 옷 원 없이 만져보느냐

도대체 보고 싶은 여인 얼마나 많기에
노래를 불러도 꼭 '보고 싶은 여인' 만 부르느냐

경계

위에선 아래를 알지 못 하고
아래에선 위를 알 수 없어
한 곳에 있으면서도
서로를 모르고 산 사람들

계급이 다르고
하는 일이 다르고
구역이 저마다 달라서
함께 하고 싶어도 그럴 수 없었네

이런 구별 저런 구분
차별 없는 세상 어디 없을까
사람과 사람 사이에도
언제나 이렇듯 선명한 경계가 있나니

외출

작은 강아지 네 마리
주인 따라 동네 마실 길 나섰다
추운 날씨에 감기 걸릴세라
그럴듯한 옷도 해 입고

뒤뚱뒤뚱 어설픈 걸음으로
바짝 치켜세운 꼬리
살랑살랑 흔들며
주인 꽁무니 부지런히 쫓아간다

앞서거니 뒤서거니
가끔 한눈도 팔아가면서
성큼성큼 걸어가는 무심한 저 주인
천천히 가라고 엄살도 떨면서

덤

추위에 겨워
몸 잔뜩 웅크리고
곤히 잠자는 뿌뿌야

더위에 지쳐
늘어지기만 하던
지난여름이 그립더냐

시절은 다시 오고
계절은 돌고 돈단다
조금만 참고 기다리려마

추위와 배고픔도 느껴보아라
가난한 네 주인 처지 알게 되리니
세상이 험하단 것 덤으로 알게 되리라

문제

쓰러지고
고꾸라지고
기어이 무너지고
산산이 부서지는 걸
봐야만 직성이 풀리는가

세상에
쓰러지지 않고
무너지지 않으며
부서지지 않는 자 있는가

있으면 나와 보라

소통

배고파요!
어디로 갈까요?

레스토랑 가요!
킬리만자로 알아요?

네, 멋있어요
그럼 그리로 오세요
.
.
.

어디쯤 오시나요
가고 있어요
.
.
.

오호 오호라
오늘도 멋진 하루!

가을향기

손에서 국화향기 난다
버려진 국화 꺾어서 꽃병에 꽂았더니

솔 솔
손에서 가을향기 우려난다

마음도 향기롭다
그윽해진다

그대는 가졌는가

봄이면 차 한 잔을 들고 밖에 나가
새로 돋는 푸른 새순을 여린 눈빛으로
지긋이 바라볼 수 있는 나무 한 그루
그대는 가졌는가

맘만 먹으면 아무때나 소담하게 핀 꽃을
손으로 어루만져 볼 수도 있고
흩날리는 은은한 향기 마음껏 즐길 수 있는
나무 한 그루 그대는 가졌는가

비 오는 날 따끈한 커피를 마시며
낙숫물 떨어지는 처마 밑에서
바깥 풍경 느긋이 감상할 수 있는 조그만 정원을
그대는 가졌는가

때때로 햇볕 좋은 날 작은 의자 나란히 놓고
단둘이 다정히 앉아 도란도란
정답게 인생 이야기 나눌 수 있는 울안을
그대는 가졌는가

떨어지는 빗방울이 땅에 부딪쳐 부서지고
피었던 꽃들이 움츠려드는 모습들을
안타깝게 바라볼 수 있는 꽃밭을
그대는 가졌는가

봄이 되면 벌과 나비들이 찾아들고
가을이면 잠자리 떼 날아와 한가롭게 노니는
아담하고 수수한 작은 꽃밭을
그대는 가졌는가

긴 바지랑대로 받친 빨랫줄엔
심심한 잠자리들 여유로운 낮잠을 즐기고
따사로운 햇살도 잠시 쉬어가는
아기 손바닥 같은 마당을 그대는 가졌는가

비가 그치고 나면 지렁이들 꿈틀거리고
구석엔 민들레 곱게 피어 노란 웃음 흘리면
지나가는 바람도 살랑살랑 춤을 추는
흙먼지 이는 작은 마당을 그대는 가졌는가

놀라움 속에서

지금까지 수시로 놀라며 살아왔다
얼마나 더 많이 놀라야 할까

얼마나 더 많이 놀라야 인생을 알게 될까
얼마나 더 더욱 황당한 일에 자지러지며 살아야 할까

사람에 놀라고
별난 사건 사고에 놀라고
기이한 현상과 감동적인 일에 놀라고

놀라움으로 크는 세상
놀라움 속에서 영글어가는 인생

놀라움 없는 삶은 바람 빠진 허풍선 같은 것
살아도 참으로 사는 것이 아니다

묶음 3

선택

정처없이 떠도는 삶이 힘겨워
스스로 낚시에 낚인다
투신이다

군침

인생은 군침 흘리며 사는 일이다
맛있는 음식을 봐도 군침 흘리지만
멋진 이성을 보면 더 많은 군침 흘린다

더 높고 좋은 자리와
더 달콤하고 커다란 열매와
더욱 찬란하고 황홀한 이익에 군침 끝없이 흘린다

선택

물고기도 죽음을 택한다
스스로 그물에 엮여 나온다
자살이다

정처없이 떠도는 삶이 힘겨워
스스로 낚시에 낚인다
투신이다

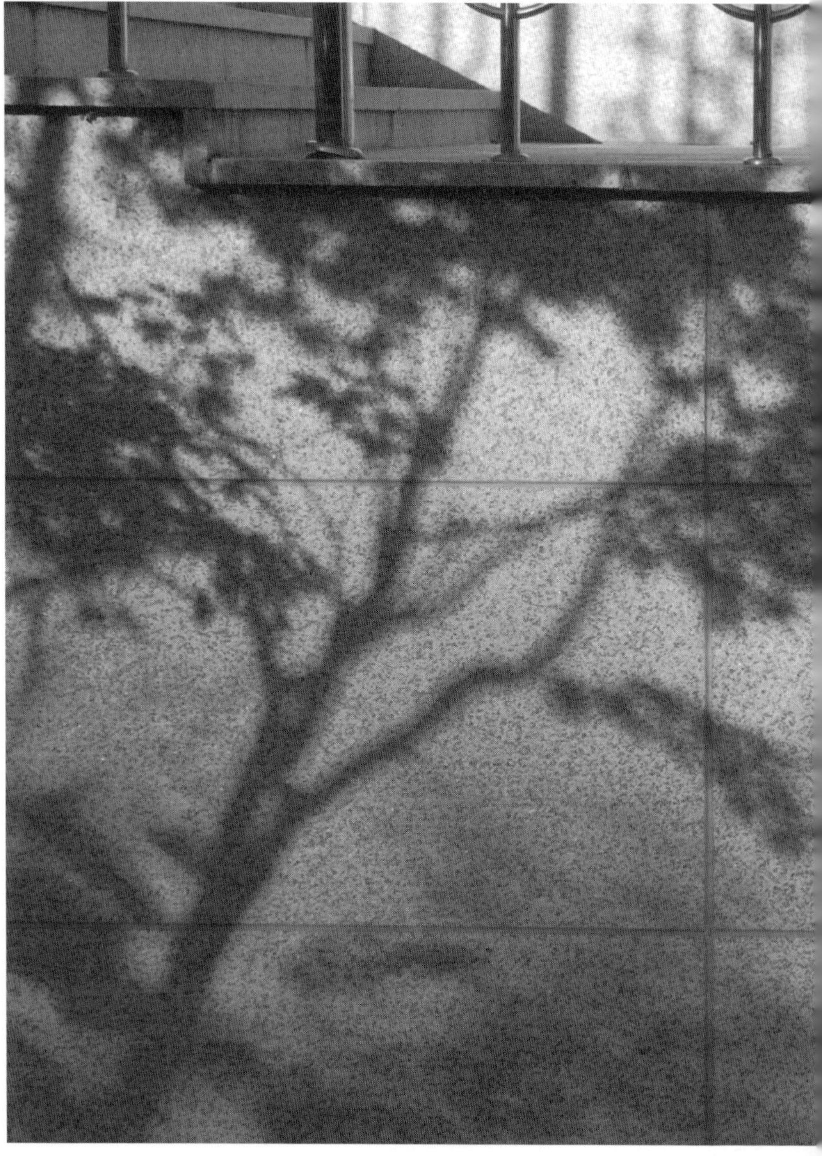

장마

먹장구름 모여드는
맑게 갠 하늘

하늘은 어두워져
또 다시 비는 내리고

습기로 얼룩진 마음
눈길마다 묻어나는 눅눅함

한숨과 아쉬움 속에
허탕으로 저무는 하루

오늘 하루

오늘 하루만큼은
온전히 자신을 지키는 날이었으면

세상없어도 오늘만큼은
꼭 자신과의 약속을 지키는 날이었으면

자신도 모르게 내뱉는 욕 한 마디 없기를
신호 위반 한 번도 안 하기를

쓸데없는 허튼 일에 마음 뺏기지 않고
온전히 자신을 위해 쓸 수 있기를

하찮은 욕심 버리고
더 나은 일 위해 마음 쓰기를

단 하루 오늘만이라도
마음의 죄 짓지 않고 살기를

진정한 장이는

진정한 장이는
모든 것을 아낄 줄 알지

한 컷의 필름을 아끼고
한 장의 도화지를 아끼지

금 같은 시간 귀한 줄 알고
자신의 실력 부족한 것 알지

진정한 장이는
모든 것에 감사할 줄 알지

작업할 수 있는 공간과
누릴 수 있는 시간

미흡한 솜씨에 감사하고
한심한 작품에 부끄러워하지

타고난 운명과 주어진 능력
지금의 모습에 감사하고

가야할 인생길과 아직도
미완성인 인생에 고개 숙이지

지뢰밭

세상은 지뢰밭
여기저기 도사리고 있는 함정들
밟으면 한 순간에 끝장

어제 오늘은 용케도
큰 탈 없이 무사히 비켜왔지만
내일은 모르지 알 수 없지

어떤 고성능 지뢰가 기다리고 있는지
어디에 어떻게 묻혀 있는지
얼마나 치명적인지

밟으면 그걸로 끝장나는 세상
신중에 신중을 기하고 조심에 또 조심하고
언제나 발밑을 보고 살아야 하느니

보다 먼 곳을 보지 못 하고
그저 발밑이 불안해 하루하루를 급급히 사네
지뢰 없는 세상 어디에도 없나니

사는 일 자체가 지뢰밭 아닌가
지뢰 한 번 안 밟아본 사람 어디 있던가
죽다 살아난 일 한 두번도 아닌데 뭘 그리 놀라시나

작은 간덩이

간덩이가 작은 사람은
핸드폰 한 통화에도
신호대기 중 공회전에도
살이 떨린다

푼돈 몇 푼에 마음 쓰지 않고
넉넉히 살고픈 마음 굴뚝 같지만
주어진 현실과 가야할 길은
온통 가시밭 길

한 푼 돈을 아끼려
촌음 한 시각을 아끼려
기를 쓰고 노력하고
이를 악물고 애를 태워도

남는 것은 허망
돌아오는 것은 절망
작은 간덩이
아예 아주 쪼그라든다.

요술

저렇게 작고 투박한 손에서
어떻게 저렇게 맛있는 음식이 나올까
어떻게 저렇게 멋진 옷을 지을 수 있을까

저렇게 작고 좁은 눈으로
어떻게 저렇게 예쁜 사진을 찍을 수 있을까
어떻게 저렇게 멋진 장면을 포착할 수 있었을까

인생이란

늘 다시 시작하지만
항상 제자리로 돌아오는 것
다람쥐 쳇바퀴 같은 것

로또 맞아 하루 사이에
인생 역전되어도 전복위화轉福爲禍가 되어
또 다시 역전될 수 있는 것

아무리 애를 써도
결국은 신이 될 수 없는 것
바람으로 왔다가 바람으로 가는 것

의미

사막에 호수가 없듯이
호수에도 사막은 없다

네 마음에 내가 차지할 공간이 없듯이
내 마음에도 네가 들어설 자리는 없다

술을 위한 노래

술
한 잔은
맛있게 마신다

술
두 잔에
취기가 오르고

술
석 잔에
눈이 무겁고

술
넉 잔엔
속이 울렁거리고

술
다섯 잔이면
머리가 아파 온다

술
여섯 잔에
졸음이 쏟아지고

술
일곱 잔엔
그대로 고꾸라지고

술
여덟 잔엔
필름이 끊기고

술
아홉 잔엔
인사불성이 되고

술
열 잔이면
나는 아주 간다

여름 찬가

매미도 폭염에선 울지 않는다
한낮엔 낮잠을 잔다

거미도 더위는 싫은가 보다
멀리 피서를 갔는지 보이지 않는다

붓꽃도 한낮엔 꽃잎을 접는다
에너지 절약할 줄 안다

한 여름 따가운 뙤약볕
사람만 피서를 하는 건 아니다

동물과 식물들도
나름으로 휴가와 피서를 즐긴다

뜨거운 태양 아래 작렬하는 무더위
이글거리는 여름으로 인생이 빨갛게 익어간다

아싸

세수를 하면서도 기합을 넣어라
응가를 하면서도 용을 쓰지 않느냐
흥겨우면 콧노래를 부르듯이
수시로 아싸를 외쳐라

인생은 항상 샘물처럼 깨어 있어야 하고
나날이 새로워져야 하느니
늘 거듭나야 하고
조금씩 나아져야 한다

발전 없는 삶은 죽은 삶이다
앞으로 나감 없이 나이만 먹는 것은
진정 부끄러운 일이다
끝없이 배우고 익히는 일이 그것이다

세월은 제자리걸음 밖에 모르는
사람은 기다려주지 않는다
용서하지 않는다
나는 오늘도 발전을 향해 앞으로 나간다

한 번쯤

아무리
세상사는 일에 무관심해도
바깥 날씨가 어떤지는 알아야 한다
비가 오는지 바람 부는지

게으름이 몸에 잔득 배어
만성이 되었어도
바깥 공기 한번쯤은 마시며 살아야 한다
해 저물어 붉은 노을 서산에 걸렸는지 넘어갔는지

우리 사는 지구가
멀쩡히 잘 돌아가고 있는지
아주 가끔씩은 확인도 해봐야 한다
계절 바뀌어 여름이 갔는지 가을이 왔는지

인생사가 한없이 고달파
먹고 사는 일에서 헤어나지 못해도
어쩌다 한번은 따스한 햇살도 쬐어줘야 한다
바다가 어떻게 생겼는지 파도는 여전히 잘 치고 있는지

그만하면

틈나면
책이라도 볼 수 있고

생각나면 가끔
서점에라도 들릴 수 있고

어쩌다
한 권의 책이라도 살 수 있다면

잘 사는 겁니다
잘 살고 있는 겁니다

그만큼 살기도 쉽지 않지요
그만하면 아주 잘 사는 겁니다

완성

살짝 염색으로 물들인 긴머리
은근한 화장 미소 띤 얼굴

상의는 검은색 자켓
치마는 당연히 미니스커트 새하얀

쭉 뻗은 긴 다리 드러나고
신발은 높고 뾰죽한 빨간 하이힐

이것으로 오늘 패션은 완성
눈부신 나들이 준비 끝

맨다리

함박눈 소담하게 내리는 거리
한 겨울이라 날씨는 찬데
스타킹도 신지 않은
맨다리가 길을 건넌다

아직 청춘이어서 그런가
추위가 물러 터져서 그런가
짧은 치마 밑 건강한 맨다리가
보기에도 싱그럽다

이젠 겨울도 겨울이 아니다
추위가 아무리 매서운들
여름보다 뜨거운 너희들 마음을
어찌 얼릴 수 있으랴

이른 아침 출근길에
우연히 만난 맨다리 하나가
시간을 되돌려 놓는다
겨울이 속절없이 녹아내리고 있었다

댓가

한 방에 끝낼 일을
두 방 세 방에 끝내네

무관심이 첫째 원인
불성실이 둘째 원인
게으름이 셋째 원인

일은 이미 터졌으니
수습이나 잘 해야지

눈 내리깔고
고개 더 깊이 숙이고

입이 있어도 뚝
그저 잘못했사옵니다

쉽게 끝낼 일을
어렵게 처리한 죄

그 대가 너무 크다
간 다 오그라들었다

수선실에서

커다란 두 눈을 가진 괄괄한 선이는
열심히 바지를 가위로 자르고 또 자르고

예쁜 목소리를 가진 착한 정희는
얌전히 앉아 부지런히 치마를 꿰매고 깁고

두툼한 돋보기를 눈에 걸친 우리 마님은
드르륵 드르르륵 재봉질 하느라 정신이 없고

세탁소 부속 수선실은 오늘도 바쁘다
넘치는 일거리에 부족한 손길

두런두런 주고 받는 이야기도 정겨운 곳
제각기 맡는 일에 열심인 사람들

생기 넘치고 활기 가득한 작은 공간
세 여인 일하는 그곳엔 오늘도 행복이 넘친다

기분 좋은 말

돈 많이 벌었다거나
출세했다거나
잘 나간다거나 따위의 말이 아닌

작품이 더 좋아졌다거나
통이 커졌다거나
새 호號가 부르기 쉽다거나 따위의 말이 더 좋다

그러고 보니까

그러고 보니까
내가 아는 여자들은
치마 입는 여자들이 없네
전부 바지만 좋아하는 중성들이네

그러고 보니까
내가 지금 웃을 때가 아니네
뭐하나 제대로 아는 것도 없으면서
이 자리 저 자리 끼어서 눈치만 받고 있네

그러고 보니까
음악이건 문학과 사진이건
예술에 대해 쥐뿔도 아는 게 없네
겉포장만 그럴싸하게 흉내만 내고 있네

묶음 4

옛 친구

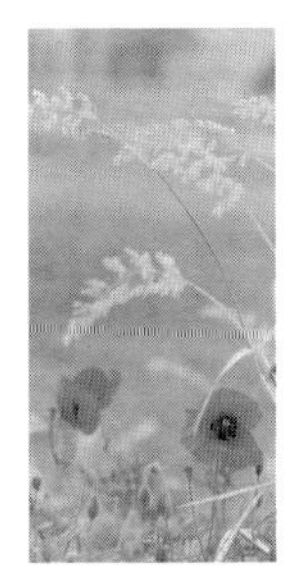

길을 가다가
연식이 오래되어
이제는 도로에서 사라진
옛 차를 발견하면 반갑기 그지없다

대세

한마음으로 잘 뭉치는
대한민국

개그가 시중에 흘러넘치니
모두가 개그맨

오징어 뛰자 꼴뚜기 뛰고
망둥이도 신이 났다

나도 한 번 뛰어보자
새 신 신은 김에

배보다 배곱이 커야
이름을 얻는구나

지금은 개그가 대세
하늘이 태산보다 낮구나

낭비

보지도 않으면서 켜놓은 TV
듣지도 않으면서 틀어놓은 오디오
쓰지도 않으면서 켜놓은 컴퓨터

갈 것도 아니면서 시동 걸린 자동차
할 것도 아니면서 사놓은 헬스기구
땀 흘리며 혼자서 맹탕 돌아가는 선풍기

나갈 땐 끄지도 않는 화장실 전깃불
생각도 없이 틀어놓은 죄 없는 수돗물
다 먹지도 못하면서 시키는 음식들

가입도 안 하면서 만들라고 한 모임
한 줄도 안 쓰면서 출입만 하는 카페
가입만 하고 거들떠도 안 보는 동호회

우리가 얼마나 쓸데없는 낭비 속에서 사는지
새삼 뼈저리게 느끼는 어느 날 오전
너나 잘 하라며 비는 억수로 퍼부어대네

허사

1년이란 귀한 시간
공으로 보냈네

만남이 있긴 있었으나
겉돌음이었네

진득한 대화 한 번 없이
오직 일로만 대했네

그건 사람과 사람의 만남이 아니라
기계와 기계의 만남이었지

대화 없이 돈과 물건 주고받으며
정 대신 허물을 나누었지

허공으로 날려버린
금쪽같은 소중한 시간 365일

남은 건 아무 것도 없네
오직 빈 손 뿐

위대한 탄생

세상에 부모가 되는 일보다
더 감동적인 일은 없다
더 큰 일 없다

자식 낳아 기르는 일이
우스워 보여도
세상을 몽땅 아우르는 일이다

건강한 정신과 몸으로
새 생명의 어버이가 되는 일
그보다 더 큰 축복은 어디에도 없다

이 보다 더 위대한 탄생은 없다

경계 주의보

덥다고 단추 하나만 풀어도
불량스러워 보인다

졸립다고 하품 함부로 하다간
경박스러워 보인다

지극히 사소한 일에 언성 높이면
누워서 침뱉는 꼴이다

수틀린다고 행동 제멋대로 하면
인격 고스란히 드러난다

뒤축 구겨 신은 운동화만 봐도
네 성품 충분히 알겠다

자신의 품격

자신의 품격
스스로 높여야 한다

마음 다듬고
손발 부지런히 놀려

모르는 것 배워 익히고
좋은 건 발전시켜야 한다

유익한 벗을 사귀고
늘 자신을 돌아봐야 한다

별 것 아닌 사소한 일에도
성심과 최선을 다하고

스스로 부끄럽지 않도록
진실하게 살아야 한다

비록 가난할지라도
고상한 마음 잃어선 안된다

스스로 높이지 않으면
누가 나를 높여줄 것인가

인내력 테스트

신호 기다리는 것도
인내가 필요하다

성질 급한 사람
참지 못하고 건너고

용무 급한 사람
눈치껏 막무가내로 건넌다

이제야 터질까
눈 빠지게 쳐다봐도

인내력 테스트 하는가
터질 때도 됐건만

눈치 없는 신호등은
요지부동이다

신호 잘 지키는 것도
쉬운 일 아니다

꾹 참고 기다릴 줄 아는 사람
여유를 아는 사람이고

신호 지켜 건너는 사람
멋을 아는 아름다운 사람이다

정중동

사진장이라고 해서 다
움직이는 것을 좋아하는 것은 아니다

멀리 가지 않아도 감각적인 마음의 눈만 있으면
알마든지 훌륭한 사진 만들어 낸다

사진장이라고 해서 다
여행을 많이 다니는 것은 아니다

집구석에 처박혀 있길 능사로 삼는 나 같은 사람도
사진장이라 인정받고 있지 않은가

사진은 발로 만드는 예술이라고 했던가
그러나 발보다 더 중요한 건 감성을 겸비한 안목이다

심미안 갖추지 못하면 좋은 사진 만들 수 없다
남들 다 찍는 사진은 아무런 의미가 없다

누구나 다 사진장이인 세상
그래도 나만의 사진 만들어내야 한다

알겠다

말 안 해도 알겠다
네 소원이 무엇인지
세계일주가 네 소원이구나

가만있어도 다 안다
네 소원이 뭔지
큰 감투 하나 써보는 것이지

말 안 해도 다 알아
무엇이 네 소원인지를
로또 맞아 대박 터지는 거지

끼고 살기

친구가 그랬다
도니는 책을 끼고 살아
그가 시인인 이유다

대금을 끼고 사는 친구가 있다
어디를 가건 늘 들고 다니며
수시로 불어제친다

피리 입에 댄지 이제 2년 차
먼저 배운 선배들 앞질러 나간다
늘 끼고 사니 그럴 수밖에

타고난 재주도 있겠지만
끊임없는 열정과 사랑으로 비벼진
노력이 성공의 지름길

세월도 앞당겨
16년까지 가지 않아도
짧은 시간에 달인을 만든다

바람이라도 났는지

가게엔 누가 있나요
저 옷가게 주인 바람이라도 났나
뻑하면 문 걸어 닫고
바깥으로 배회를 하네

가게는 불꺼져 깜깜하고
인적조차 없어 스산하기만 한데
무심히 지나다니는 사람들
아무런 관심도 없네

어쩌다 한 번 들려서
차라도 한 잔 얻어 마실 양으로
기웃거려 보지만 오호라
오늘도 불꺼져 반기는 이 없네

종이 조각

돈이 돈이 아닙니다

골프 대회 우승 한 번에 몇 십 억
바둑 대회 우승 한 번에 몇 억
드라마 출연 한 번에 몇 천

이게 정말 돈인가요?
종이 조각이지

착하게 살기

할 말이 없다
사랑이니 배려니 하는 말들은
그냥 말일 뿐이다

열심히 사는 것보다
더 중요한 건
올바르게 사는 것이다

남에게 도움 주는
좋은 사람은 못 되어도
지탄받는 나쁜 사람 되어선 안 된다

착하게 살기
제일 쉬운 일 같지만
인생에서 제일 이루기 힘든 일이다

개업 인사

개업 집 문 앞에
일렬로 늘어선 화분들

흰 리본 분홍 리본 예쁘게 달고
들어온 순서에 따라 정연하게 놓여 있다

갖가지 거창한 이름과 사연들
보란 듯이 길게 늘어놓고

부자 되십시요 !
발전을 기원합니다 !

화려한 인사 열심히 하고 있다
세상에 태어난 이유 확실하게 증명하고 있다

아무런 군소리 없이
수문장 노릇 톡톡히 하고 있다

옛 친구

길을 가다가
연식이 오래되어
이제는 도로에서 사라진
옛 차를 발견하면 반갑기 그지없다

르망이 그렇고
콩코드가 그렇고
에스페로가 그렇다

그보다도 더 형님격인
포니를 만나거나
삼륜차를 보면 기절할 지경이다

그런 차가 있었는지
이젠 이름조차 기억에서 지워졌지만
여전히 움직이는 노익장을 보는 건 기쁨이다
사람도 잊혀 진 옛 친구를 만나면 더 반가운 법이다

진안 나들이

진안이라 전라도길 마이산으로
등산 겸 나들이 떠난 집사람
신바람이 절로 났다

오랜만의 행차이니 어련하시랴
말로만 듣고 보던 곳
초행길은 언제나 마음 설레는 법

비 온다는 예보에 마음이 졸아
추울까 더울까 옷차림에 신경을 쓰며
마땅한 옷이 없다 구시렁대네

먼 길 떠나는 사람아
차타고 다녀올 즐거운 여행길
비가와도 좋고 안와도 그만이라네

옷이야 다음에 사면 되지
하루쯤 편한 마음으로 흥겹게 다녀오시게나
옷보다 더 빛나는 미소 속에서

에누리 없는 세상

둥글고 하얀 자기瓷器 찻잔 하나
1미터 높이 테이블에서
툭 떨어졌다

쨍그렁~~
에누리 없이 깨졌다
도대체 봐주는 법이 없다

참 성질도 무척 급한 놈일세
깨지면 저만 손해지
잘못 건드렸다고 떨어지긴 왜 떨어져 이놈아

커플 잔이었는데
한 짝 깨지고 나니 허전하다
잔도 짝 잃으면 외로운 건 마찬가지

홀로 남은 잔으로 커피 마시자니
영 제 맛이 안 난다
아마 살 맛을 잃었나 보다

만두

까치설날
마지막 차례 준비는
만두 만드는 일

온 식구 모여 앉아
오손도손
만두를 빚는다

어린 조카 녀석
밀가루 반죽으로 히히덕
장난을 치고

다 큰 조카와 딸년은
어설픈 솜씨로 고만고만한
만두를 만들어 낸다

밀대로 밀어
만두피를 만들었던 건
이젠 옛날 이야기

반자동화된 기계로
넓고 긴 피가 만들어지면
주전자 뚜껑으로 작은 피를 그린다

곱게 뜯어
속이랑 사랑이랑 알맞게 넣고
세월과 함께 익혀온 능숙한 솜씨로
아내와 엄마는 고운 만두를 예쁘게 빚는다

부지런히 돌아가는 공장처럼
바쁜 손길 하나 하나에
정성과 기쁨과 재미가 배어든다

새끼를 낳는 어미의 마음으로
조상 받들고 명절을 치룰
행복 담은 예쁜 만두 가득히 쏟아 낸다

어느 집 대문에는

어느 집 대문에는
입춘대길

어느 집 대문에는
어서 오세요

어느 집 대문에는
니 팔뚝 굵다

봄을 맞아 좋은 일만
가득하길 기원하는 집도 있고

오는 손님 반가히
맞아주는 집도 있는데

큰 망치로 뒷통수를 냅다
후려치는 집도 있네요

한 줄 쓰기

한 줄 쓰기도 힘드나봐
손가락에 힘이 없어서 일까
팔이 아파서 일까

아무리 그래도 그렇지
그것 때문이겠어
마음이 없는 거겠지

마음은 있어도
할 말이 없어서 일수도 있어
한 줄로 쓸 재주도 없고

없는 말 만들 수도 없고
싫은 일 억지로 하기도 싫고
그래봤자 수다일 뿐이야

그래도 한 줄만 써봐
왔다 간 흔적이나 안부를 남겨봐
한 줄로 네 향기를 채워봐

이심전심

우리 집 강아지 별이
죽을 고비 아슬하게 넘겼네

홍역으로 경각에 달렸던 목숨
정성으로 겨우 살렸네

다리 부러졌던 흥부네 제비는
엄청난 행운의 박씨를 물어왔다지

이제 우리 별이는 과연
어떤 복福씨를 가져다 줄 것인지

아직도 투병 중인 강아지
주인 맘 아는지 모르는지 꼬리만 살랑살랑

문득

달리는 차를 보고 있으면
문득
무섭다는 생각이 들 때가 있다

저렇게 큰 차가
저렇게 편해 보이는 차들이
어느 한순간 죽음을 가져올 수 있다니

문득
세상사는 일 자체가
두렵게만 느껴지는 것도 이상하지 않다

발목을 붙잡고 늘어지는 불안과
잡을 수 없는 거머리 같은 두려움 헤쳐나가는 일이
곧 인생일지도 모른다

짙은 안개 속 같은 인생길
문득
모든 것이 다 아늑하게 느껴진다

강샷갓

강샷갓이란 이름을 새로 얻었다
김삿갓처럼 시를 쓰라는 말씀이지

김삿갓에게 누가 되지는 않을지
듣기 좋은 것만 생각해 받아들인 이름

풍류와 해학과 재치로 뭉쳐진 방랑객
나에게 과연 그런 멋이 있을까

천하를 주유하는 멋도 모르면서
맛깔나고 뼈 있는 시를 쓸 수 있을까

분에 넘치는 큰 이름으로 오히려
기죽어 주눅들까 지극히 저어하노라

인지생략

over a wall
poetry
17

가을향기

2012년 10월 3일 초판 1쇄 인쇄
2012년 10월 9일 초판 1쇄 펴냄

지은이 | 강돈희

펴낸이 | 송계원
디자인 | 송동현
펴낸곳 | 도서출판 담장너머
등　록 | 2005년 1월 27일 제2-4102
주　소 | 100-272 서울시 중구 필동2가 84-10, 105호
전　화 | 02-2268-7680
팩　스 | 02-2268-7681
이메일 | overawall@hanmail.net

ISBN 89-92392-28-0 03810
값 8,000원

* 파본은 본사나 구입하신 서점에서 교환해드립니다.